CATÉCHISME

DU

CITOYEN

Par RAPHAEL

Prix : 25 centimes

FORTES REMISES POUR LA PROPAGANDE

15 fr. les 100 exemplaires

AUX BUREAUX DU *NORD-EST*

CHARLEVILLE (ARDENNES)

CATÉCHISME

DU

CITOYEN

Par RAPHAEL

Prix : 25 centimes

FORTES REMISES POUR LA PROPAGANDE

15 fr. les 100 exemplaires

SE TROUVE AUX BUREAUX DU *NORD-EST*

A CHARLEVILLE (ARDENNES)

CHARLEVILLE. — TYP. F. DEVIN, RUE DE CLÈVES.

CHERS CONCITOYENS,

La presse réactionnaire inonde nos campagnes d'une multitude de pamphlets qui calomnient la République. C'est pour les combattre que je vous envoie ce petit livre. Il a au moins deux mérites, celui d'être court, et celui de n'être pas cher. Je ne suis point un docteur qui veut vous faire la leçon, mais un ami qui vous aime assez pour vous dire la vérité. Comme vous je veux la liberté, mais comme vous aussi je déteste la licence qui peut la compromettre. Rêvant pour mon pays les institutions bienfaisantes d'une République honnête, je confonds dans la même haine le despotisme et l'anarchie. C'est pour signaler aux électeurs ce double écueil que je leur dédie avec une franchise toute cordiale *le catéchisme du citoyen.*

UN ENFANT DU PEUPLE.

CHAPITRE I

L'homme

Qu'est-ce que l'homme ?

— L'homme est un esprit incarné, moral, intelligent et libre qui doit tendre au bonheur en se perfectionnant.

L'homme n'est donc point une machine qui se détraque par la mort ?

— Non, le corps seul se dissout, parce qu'il est matière, mais l'âme est immortelle parce qu'elle est esprit, c'est-à-dire indivisible.

Qu'est-ce que la vie ?

— Un temps plus ou moins long qui nous est accordé par la Providence pour nous perfectionner, en accomplissant une tâche plus ou moins difficile.

Qu'est-ce que la mort ?

— Le moment suprême où l'esprit s'échappe de sa prison corporelle, pour aller recevoir sa récompense ou son châtiment.

Qui nous dit qu'il y a un autre monde ?

— La religion l'affirme, et la raison le prouve.

Comment la raison le prouve-t-elle ?

— De mille manières, mais surtout en nous disant ceci : Le sort d'un empereur qui a ruiné toutun peuple, et fait périr un *million* d'hommes, ne doit pas être identique, après la mort, à celui d'un citoyen qui n'a fait de mal à personne, et a su mourir pour son pays.

Pourquoi pas ?

— Parce que la raison, la conscience nous crient qu'il y a un Dieu, que ce Dieu est juste, et doit châtier les bandits heureux, comme il doit récompenser les justes malheureux.

Pourquoi la France est-elle tombée si bas ?

— Parce qu'elle n'a plus la foi qui enfante les héros. Les matérialistes ont pour devise : « sauve qui peut ! et chacun pour soi ! »

CHAPITRE II

L'homme, être moral

Qu'est-ce qu'un être moral ?

— Celui qui connaît le bien et le mal, et préfère l'un ou l'autre, en vertu de son libre arbitre.

Comment l'homme connaît-il ce qu'est bien et ce qu'est mal ?

— Par le témoignage intime de sa conscience cultivée par une bonne éducation.

Qu'est-ce que la conscience ?

— La vérité éternelle « illuminant tout homme venant en ce monde » pour lui montrer ce qui est juste.

En quoi se résument ses préceptes ?

« — Ne fais pas à autrui ce que tu ne voudrais pas qu'on te fît à toi-même, » ou mieux encore : « aime Dieu de tout ton cœur, et ton prochain comme toi-même. »

Quel sera le châtiment de celui qui forfait à sa conscience ?

— Le remords en ce monde, à défaut du mépris public ou du bagne, et de longs tourments en l'autre.

Qu'est-ce que le remords ?

— Le coup de fouet de la conscience, la seule des souffrances humaines pour laquelle Dieu n'a pas un sourire.

Quel est l'homme le plus riche ici bas ?

— Le plus juste.

Qu'est-ce qu'un juste ?

— Celui qui ne fait tort à personne, et rend à chacun ce qui lui est dû.

Quelle sera sa récompense ?

— La paix, l'estime, l'affection en ce monde, et un bonheur indescriptible dans l'autre.

Quelle est la réforme la plus urgente ?

— La réforme des mœurs. Un peuple a rarement le gouvernement qu'il désire, mais il a presque toujours celui qu'il mérite.

CHAPITRE III

L'homme, être intelligent

Qu'est-ce qu'un être intelligent ?

— Celui que la raison distingue des autres animaux qui n'ont que l'instinct.

Quel est l'aliment de l'intelligence ?

— La vérité, la science qu'un sage appelait *la viande des esprits*, et qui s'acquiert par l'instruction.

L'ignorance est donc un mal ?

— Elle est un fléau, parce qu'elle fait des scélérats ou des esclaves, en faisant des bêtes ; rien n'est dangereux comme une bête intelligente.

Pourquoi les ignorants sont-ils dangereux ?

— Pour mille raisons, mais surtout parce qu'on leur fait dire *oui* quand il faudrait dire *non*.

Alors, les ignorants ne devraient jamais voter ?

— Jamais un homme ne doit agir sans savoir ce qu'il fait, et pourquoi il le fait ; voilà pourquoi tout électeur ignorant doit s'abstenir ou s'instruire.

Que penser de ceux qui redoutent l'instruction populaire ?

— Ce sont des gens qui redoutent la lumière, parce qu'ils ont peur qu'elle ne supprime des abus, qui ne subsistent qu'à l'ombre de l'ignorance.

L'instruction suffit-elle à tout ?

— Non, elle peut être un fléau si elle n'a pour pendant la vertu. Ce qui constitue l'homme complet, c'est une intelligence éclairée jointe à un cœur droit. *L'instruction* éclaire l'une ; *l'éducation* dresse l'autre. Les grands peuples sont les peuples bien élevés.

La *vraie* religion doit-elle redouter la *vraie* science ?

— Non, car Dieu est la source de la vraie science, comme il est l'auteur de la vraie religion. Dieu ne saurait se contredire.

CHAPITRE IV

L'homme, être perfectible

Qu'est-ce qu'un être perfectible ?

— C'est celui qui, en déployant librement ses facultés, peut devenir plus heureux en devenant plus parfait.

L'homme doit-il tendre à se perfectionner ?

— Il a été placé sur cette terre pour se perfectionner, et transformer en même temps le globe qu'il habite. Le résultat de ce double travail s'appelle le *Progrès*.

Qu'est-ce que le progrès ?

— C'est la somme de bien-être physique, de beauté morale, d'harmonie sociale conquise, jusqu'à présent, par les efforts accumulés des générations.

Ce progrès n'est-il pas une chimère ?

— Non, quoiqu'on en dise, nous souffrons moins que nos pères, et la terre comparée à ce qu'elle était, il y a quelques milliers d'années, pourrait presque passer pour un paradis.

Quel est le grand péril de notre société contemporaine ?

— Très avancée au point de vue matériel, notre société est trop en retard au point de vue moral. Le progrès matériel énerve les peuples, quand il n'a pas pour contrepoids l'austérité des mœurs.

Quels sont ceux qui ont le plus contribué au progrès ?

— Les vrais saints, les vrais philosophes et les vrais savants.

Quels sont ceux qui l'ont surtout entravé?

— Les fanatiques, les imbéciles et les despotes.

Parmi ces despotes quel est celui qui a été le plus nuisible à la France ?

— L'homme de Sedan. Si la France a été vaincue, c'est qu'il avait employé vingt ans à la dépraver, pour mieux l'asservir.

Quelle est la forme de gouvernement la plus propre à hâter le progrès ?

— La République, pourvu qu'elle soit honnête et bien affermie.

Pourquoi ?

— Parce qu'elle provoque toutes les initiatives individuelles par la liberté, et suppose de la part des peuples qui s'en accomodent, beaucoup de bon sens avec beaucoup de vertu.

CHAPITRE V

Droit et devoir

Comment l'homme peut-il atteindre ses destinées ?

— Par la jouissance de ses droits, et par la pratique de ses devoirs.

L'homme a-t-il des droits ?

— Il a le droit imprescriptible de chercher à atteindre sa fin qui est le bonheur, pourvu qu'il n'empiète jamais sur le droit d'autrui qui limite le sien.

L'homme a-t-il des devoirs ?

— Il a des devoirs envers Dieu, envers lui-même, et envers ses semblables.

Le droit et le devoir sont-ils réciproques ?

— Oui, en ce sens que le devoir d'autrui sauvegarde notre droit, et que notre devoir sauvegarde le droit d'autrui.

Comment cela ?

— S'il n'y avait pas d'oppresseurs qui violent

leur devoir, il n'y aurait pas d'opprimés dont le droit est violé ; s'il n'y avait pas de voleurs, il n'y aurait pas de volés. Chacun jouira de son droit, le jour où chacun fera son devoir.

La vertu des citoyens est donc la meilleure garantie de l'ordre social ?

— Avec elle on pourrait se passer des gendarmes, des juges et des avocats ; sans elle rien ne suffit, et toutes les libertés se resserrent à mesure que les convoitises se déchaînent.

Pourquoi la moitié des Français est-elle employée à surveiller l'autre ?

— Parce que chacun s'exagère le sentiment de ses droits, en étouffant celui de ses devoirs.

L'Evangile parle-t-il des *droits* de l'homme ?

— Peu, mais il les protége tous, en les mettant sous la garde du devoir.

CHAPITRE VI

L'instruction

Quels sont les droits de l'homme ?

— L'instruction, la liberté, l'égalité, la propriété sont autant de droits dont l'homme ne doit être privé que par sa faute.

Qu'est-ce que l'instruction ?

— Le pain de l'âme, le premier outil de tout homme qui veut être un citoyen et ne pas rester un animal.

Doit-elle être obligatoire ?

— Oui, car les ignorants, surtout quand ils sont électeurs, peuvent être aussi dangereux que les méchants. Si le père doit le pain du corps à son enfant, il lui doit, à plus forte raison, le pain de l'âme.

Doit elle être gratuite ?

— Oui, en ce sens que nul pauvre ne doit être exclu de l'école sous prétexte qu'il ne peut payer ses maîtres.

Quelle est la meilleure instruction ?

— Celle qui prépare des citoyens sans faire des incrédules, qui éclaire l'esprit sans pervertir le cœur.

Pourquoi le peuple français, malgré ses qualités, a-t-il tant de mal de vivre libre ?

— Parce que le peuple français « est un peuple mal élevé. »

Dans quel sens ?

— En ce sens que ceux qui l'élèvent n'aiment point assez le bon Dieu, ou redoutent trop la liberté. Les uns songent à faire de petits saints, les autres à faire des athées; très-peu songent à faire de vrais citoyens.

CHAPITRE VII

La liberté

Qu'est-ce que la liberté ?

— La liberté, pour l'individu, n'est autre que la jouissance de ses droits : elle n'a pour limite que le droit d'autrui.

Comment peut-on la diviser ?

— Elle s'appelle la liberté civile, ou la liberté politique.

Qu'est-ce que la liberté civile ?

— La liberté de dire et de faire tout ce qui ne viole le droit de personne.

Qu'est-ce que la liberté politique ?

— Celle qui consiste, pour le citoyen, à n'obéir qu'à des lois librement consenties par lui-même, ou par ses mandataires.

Ces libertés ont-elles toujours existé en France ?

— Non, sous l'ancien régime le roi était tout, et le peuple n'était rien. C'était le régime du

1.

bon plaisir. La cour s'amusait, le peuple n'avait qu'à payer et à se taire.

Et sous l'empire ?

— Sous l'empire le corps législatif était nommé pour contrôler le pouvoir, mais, grâce aux *candidatures officielles*, le *contrôle* nommait son *contrôleur*. Voilà pourquoi la France est si bien portante.

Sous la République est-on plus libre ?

— La République est, par essence, un régime de liberté, puisque c'est le pays se gouvernant lui-même, et votant librement les lois qui le régissent. La liberté ne meurt pas toujours avec la République, mais toujours la République expire avec la liberté.

CHAPITRE VIII

L'égalité

Qu'est-ce que l'égalité ?

— L'égalité consiste, pour les citoyens, à jouir des mêmes droits, et à être soumis aux mêmes lois.

Elle ne consiste donc pas à occuper les mêmes places, à jouir des mêmes revenus, et à boire le même vin ?

— Non, cette égalité est impossible à réaliser, autrement que par la plus intolérable tyranie. Ceux qui la prêchent sont les plus dangereux ennemis de la liberté, et les plus détestables complices des despotes.

Cette égalité devant la loi dont nous jouissons a-t-elle toujours existé ?

— Non, elle date de la Révolution ; elle n'existait pas sous l'ancien régime.

Qu'était-ce que *l'ancien régime* ?

— Le règne des castes, des priviléges, de l'inégalité en tout et partout.

On dit au château que c'était le *bon vieux temps* !

— C'était le bon temps pour les rois et les nobles : c'était un temps affreux pour le pauvre peuple qui payait seul l'impôt, et sur qui pesait la *corvée*.

Devons nous en craindre le retour ?

— Non, à moins que vous ne votiez pour le comte de Chambord, pour complaire à votre marquis.

Qu'est-ce que le comte de Chambord ?

— Un homme charmant, dit-on qui sait attendre avec une louable patience que la France soit assez repentante pour répudier le *drapeau tricolore*.

CHAPITRE IX

La propriété

Qu'est-ce que la propriété ?

— La propriété est le droit de disposer librement des choses légitimement acquises.

Quelles sont les sources de la propriété ?

— L'héritage, le travail et l'épargne.

Que penser de ce mot, s'il a été dit : la propriété, c'est le vol !

— Ce mot serait un blasphème social. S'il y a des fortunes mal acquises, il y a des fortunes dont l'origine est sans tache.

La propriété doit donc être sacrée ?

— Oui, et voilà pourquoi il n'y a pas de qualification plus infamante que celle de *voleur*.

Une loi votée par la majorité législative pourrait-elle supprimer légitimement la propriété individuelle ?

— Non, pas plus qu'elle ne pourrait supprimer la famille ou la religion.

Pourquoi ?

— Parce qu'il n'y a pas de droit contre le droit, et ceux dont nous parlons planent au-dessus de toutes les majorités.

Qu'est-ce que le capital ?

— Le capital est le produit du travail d'hier employé à féconder le travail d'aujourd'hui.

Comment s'acquiert le capital ?

— Celui qui dit à l'ouvrier qu'on peut s'enrichir autrement que par le travail et l'é-pargne est un empoisonneur. *(Franklin)*.

Qu'est-ce que l'épargne ?

— C'est la consommation possible dans le présent, reportée sur l'avenir ; c'est une jouis-sance sacrifiée en prévision des jours mauvais qui peuvent venir, ou de l'enfant qui peut arri-ver ; c'est la privation qui finit par élever l'ouvrier au loisir qui lui permet la vie de l'intelligence.

CHAPITRE X

Devoirs de l'homme

L'homme a-t-il des devoirs ?

— L'homme a des devoirs, comme il a des droits : il n'est pas indépendant, parce qu'il n'est pas à lui-même son principe et sa fin.

Quels sont ses devoirs ?

— Il doit aimer Dieu, s'aimer soi-même, et aimer son prochain.

Qu'est-ce qu'aimer Dieu !

— Lui rendre le culte qui lui est dû et observer ses lois qui ont toutes pour but notre bonheur.

Qu'est-ce que s'aimer soi-même ?

— C'est faire tous ses efforts pour devenir meilleur, au lieu de se dépraver.

Comment l'homme se déprave-t-il ?

— En se laissant dominer par ses passions, au lieu de les gouverner par la raison.

Quelles sont les passions les plus propres à dépraver l'homme ?

— La passion du vin , et la passion des femmes. L'une ne va guère sans l'autre, et toutes deux justifient cet adage de la science : « L'homme ne meurt pas ; il se *tue* ! »

L'homme n'a-t-il pas le droit de se faire du mal si cela lui plaît ?

— L'homme n'a pas le droit de se suicider. D'ailleurs il ne se déprave qu'en faisant des victimes, et en mettant un atout de plus dans le jeu des despotes. Tous les peuples asservis sont des peuples corrompus.

Que penser du *cabaret* ?

— Il est rare qu'un homme en sorte aussi bon qu'il y est entré. Il y laisse à peu près toujours une partie de sa bourse, de sa raison et de sa santé.

CHAPITRE XI

Amour du prochain

Pourquoi les hommes doivent-ils s'aimer ?

— Parce qu'ils sont frères et solidaires les uns des autres, et que Dieu ne peut aimer celui qui n'aime pas son frère.

Comment se traduit cet amour ?

— Cet amour qui constitue la *fraternité* consiste à faire à autrui ce que nous voudrions qu'on nous fît à nous-mêmes, à lui rendre service dans l'occasion, et à lui pardonner au besoin pour que Dieu nous pardonne.

Quelles seraient les conséquences de la pratique universelle d'un tel devoir ?

— De faire de notre globe un paradis, tandis que la haine et l'égoïsme en font un enfer, ou un purgatoire.

Comment cela ?

— Parce que quand l'amour vrai fleurira sur la terre, les hommes cesseront de se nuire et de se tourmenter pendant ce rêve si court qui s'appelle la vie ; et les peuples comprendront qu'ils sont insensés de se massacrer au profit de quelques despotes.

C'est donc dans ce but que le Christ nous ordonne, à chaque page de l'évangile, de nous aimer les uns les autres ?

— C'est comme s'il nous disait : consentez à être heureux en ce monde, en attendant l'autre. La charité universelle est l'harmonie parfaite au sein d'une paix inaltérable.

Pourquoi les hommes s'aiment-ils si peu ?

— Parce qu'ils sont égoïstes. A force de songer aux intérêts qui les divisent, ils oublient les liens de parenté qui devraient les unir.

CHAPITRE XII

La loi

Qu'est-ce qui protége le droit et contraint au devoir ?

— La loi divine et la loi humaine.

Qu'est-ce que la loi divine ?

— Celle qui est écrite dans la conscience et dans le *décalogue*.

Qu'est-ce que la loi humaine ?

— Une barrière opposée par la société aux convoitises qui veulent violer le droit, en oubliant le devoir.

Que faut-il pour que les lois soient bonnes ?

— Qu'elles protégent tous les droits, sans en léser aucun.

Qu'est-ce qui assure le respect à la loi ?

— La sanction qui punit celui qui la viole, ou récompense celui qui l'observe.

Quelle est la base de cette sanction ?

— La responsabilité de l'homme.

Pourquoi l'homme est-il responsable ?

— Parce qu'il est libre de choisir entre le bien et le mal.

Pourquoi Dieu a-t-il créé l'homme libre ?

— Afin qu'il fut grand, et qu'il put mériter.

Que penser de ceux qui veulent faire de l'homme un *cadavre* sous prétexte de le contraindre au bien malgré lui?

— Ce sont des fanatiques dont la démence voudrait refaire l'œuvre de Dieu, sous prétexte qu'elle est mal faite.

Qu'elle doit être la peine édictée par la loi ?

— La peine doit toujours être proportionnée au crime ou au délit ; elle n'a d'autre but que de sauvegarder la sécurité du corps social.

CHAPITRE XIII

Le corps social

Qu'est-ce que le corps social ?

— C'est une association formée par un nombre plus ou moins grand d'individus, pour la garantie mutuelle de leurs droits ou de leur bien-être.

Comment se forme le corps social ?

— Il se forme par le couple, par la famille, et par la nationalité.

Qu'est-ce que le couple ?

— C'est l'union de l'homme et de la femme consacrée et légitimée par le mariage.

Qu'est-ce que la famille ?

— C'est le groupe naturel formé par les parents et les enfants.

La famille doit-elle nous être chère ?

— Oui, l'esprit de famille moralise l'homme et le rend heureux ; l'amour du foyer nourrit l'amour de la patrie ; les familles nombreuses et saines font les peuples forts.

Quel est le grand fléau de la France ?

— Il y a trop de *fils uniques*.

Qu'est-ce que la nationalité ?

— Un groupe de plusieurs familles librement associées dans un intérêt commun.

L'homme est-il un être social ?

— Oui , parce qu'il a besoin, pour vivre et se perfectionner, du concours de ses semblables.

Quel est le but de la société civile ?

— De garantir les droits de ceux qui la composent, par la liberté dans l'ordre.

Qu'est-ce qui maintient l'ordre ?

— L'autorité ou le pouvoir qui doit sauvegarder toutes les libertés, et protéger tous les droits, en reprimant toutes les convoitises qui voudraient violer les lois.

CHAPITRE XIV

Le pouvoir

Qu'est-ce que l'autorité ou le pouvoir civil ?

— C'est la force qui a pour mission de conduire la société humaine à ses destinées temporelles, en protégeant tous les droits, et en favorisant tous les progrès.

D'où vient le pouvoir ?

— Le pouvoir vient de Dieu qui le confie à l'électeur, et celui-ci le délègue à son mandataire.

Le pouvoir n'est donc pas un patrimoine inaliénable confié par Dieu à certaines familles qui ne relèvent que de lui ?

— Ceux qui ont proclamé cette monstrueuse erreur ont insulté Dieu et se sont moqués des peuples, en abusant de leur ignorance.

Un peuple n'est pas un troupeau qui se transmet par héritage. Les rois sont responsables devant la nation, comme le mandataire est responsable envers celui qui lui a confié son mandat. Les rois sont faits pour les peuples, tandis que les peuples ne sont pas faits pour les rois.

Une nation a-t-elle le droit de changer un pouvoir dont elle n'est point satisfaite?

— Si tous les citoyens étaient d'accord, oui. Mais un tel accord étant presque toujours impossible, un changement de pouvoir suppose à peu près toujours une révolution violente, et cette révolution vaut rarement ce qu'elle coûte.

Quel est le meilleur moyen, pour un peuple, d'éviter le despotisme, sans tomber dans l'anarchie ?

— Celui qui consiste à se montrer assez raisonnable pour fonder une république honnête.

Pourquoi ?

— Parce que, sous une république, le peuple ne confie le pouvoir que pour un temps limité. S'il n'est pas content de ses mandataires il les change en vertu d'une *loi fixe*, sans avoir besoin de recourir au jeu terrible des révolutions.

CHAPITRE XV

La République

Qu'est-ce que la République?

— C'est la nation se gouvernant par elle-même, en confiant le pouvoir à ses mandataires, pour un temps limité par la *Constitution*.

Qu'est-ce qu'une Constitution?

— C'est le pacte fondamental, mais toujours perfectible, qui règle les rapports du pouvoir avec les citoyens.

Que faut-il pour avoir une bonne Constitution ?

— Il faut nommer une bonne *Constituante*, c'est-à-dire une Assemblée qui renfermerait les hommes les plus honnêtes, les plus éclairés et les plus décidés à maintenir, à tout prix, la République.

Est-ce que la République, telle que vous la définissez, a des ennemis ?

— Elle a pour ennemis tous les prétendants qui s'acharnent à vouloir faire notre bonheur, moyennant deux cent mille francs par jour ; tous les ambitieux qui ont la passion de se courber ou de se vendre pour devenir impunément insolents ; tous les honnêtes peureux à qui on fait croire que la République est le pillage et l'anarchie ; tous les *communards* dont les projets antisociaux favorisent toutes les réactions, en provoquant toutes les épouvantes.

Qu'est-ce qui fait la force des prétendants et des ennemis de la République?

— L'habileté de ceux qui la calomnient pour mieux l'étouffer, mais surtout l'ignorance des électeurs qui sont assez simples pour les croire, et deviennent ainsi leurs complices sans le savoir.

CHAPITRE XVI

Les avantages de la République

La République mérite-t-elle qu'on s'acharne à la défendre?

— Oui, comme le plus beau diamant mérite qu'on le conserve quand on en connaît la valeur.

Quels sont les avantages de la République ?

— C'est le gouvernement le moins cher, le plus digne d'un grand peuple, et le plus propre à favoriser tous les progrès.

Pourquoi la République est-elle le gouvernement le plus économique ?

— Parce qu'elle nous épargne les frais d'un roi, d'une reine, d'une cour ; parce qu'elle nous délivre d'une multitude de parasites que la monarchie entretient toujours aux dépens des contribuables ; parce qu'elle suppose un contrôle sévère dans toutes les administrations, et met au jour toutes les friponneries.

Combien nous a coûté l'empire ?

— Les yeux de la tête. Il nous prenait chaque année, pour lui, pour sa famille et pour son sénat, la bagatelle de cinquante millions, sans compter ce qu'il nous volait. Il a coûté la vie à un million d'hommes, et nous a valu quinze milliards de dettes, avec deux provinces de moins.

Pourquoi la République est-elle le gouvernement le plus digne d'un grand peuple?

— Parce qu'il est honteux, pour une nation, de dépendre du caprice d'un seul homme qui peut déclarer la guerre, compromettre les destinées de tout un peuple selon son bon plaisir.

Si nous avions été en République, il y a deux ans, aurions-nous eu la guerre dont nous subissons les conséquences ?

— Non, parce que nous aurions eu une Assemblée libre à la place d'un Corps législatif vendu, et un ministre intelligent à la place d'un ministre imbécile. L'empire seul nous a valu cette horrible guerre avec tous ses désastres.

Ne peut-on pas supposer une monarchie où le roi serait lié par une Constitution ?

— Un pareil roi n'en serait pas moins très-coûteux, et il aurait le tort d'être inutile. D'ailleurs ce roi aurait toujours la tentation de se faire, avec des places ou de l'or, assez de partisans pour se délivrer bientôt de la constitution qui le gêne.

Une monarchie vraiment libérale est-elle impossible en France ?

— Oui, toute monarchie serait fatalement *oppressive*.

Pourquoi ?

— Parce qu'au lieu d'être l'expression du pays, elle ne représenterait jamais qu'un parti. Tout roi devient despote quand il a peur de tomber ; or, la France ne peut plus avoir que des rois trembleurs.

La République seule peut donc nous assurer l'ordre avec la liberté ?

— Oui, les républicains honnêtes ont seuls le droit de s'intituler sans hypocrisie, *conservateurs-libéraux*.

Pourquoi la République est-elle le gouvernement le plus propre à favoriser tous les progrès ?

— Parce qu'elle s'accomode de toutes les

libertés, et n'a pas de raison, comme la monarchie, de sacrifier l'intérêt général à l'intérêt
dynastique. Gouvernement du pays par le pays,
elle ne peut avoir pour but que l'intérêt de
tous.

CHAPITRE XVII

La mission de la République

De quels bienfaits sommes-nous redevables à la République ?

— Tout occupée à naître, la République n'existe encore que de nom. Il faut planter l'arbre avant d'en cueillir les fruits.

Quels seront ces fruits ?

— D'abord la suppression d'une foule de fonctionnaires aussi coûteux qu'inutiles, et une réduction plus sérieuse des gros traitements.

Un roi quelconque ne pourrait-il pas opérer cette réforme ?

— Non, les rois ont toujours intérêt à multiplier les fonctionnaires de parade, et à les engraisser le mieux possible pour s'en faire des complices.

Quel est le rôle des fonctionnaires sous une république ?

— D'être dévoués et polis envers la nation

dont ils sont les serviteurs plus ou moins sala-
riés.

Que doit faire la République pour l'armée ?

— La rendre forte et nationale, en ne favorisant que le mérite ; la débarraser de ses
officiers de boudoirs, pour les remplacer par
des hommes de guerre.

Que doit-elle faire pour la commune ?

— Lui laisser le droit de s'administrer elle-
même, sans recourir sans cesse au préfet, par
l'intermédiaire de cette boîte aux lettres qu'on
nomme un sous-préfet.

Que doit-elle faire pour les mœurs ?

— Les rendre plus austères, plus viriles, en
persuadant aux Français qu'un citoyen peut
être respectable sans être courtisan, fonction-
naire ou décoré.

Mais *nos denrées se vendaient bien sous
l'empire ?*

— Elles se vendront mieux encore quand la
République aura réparé les désastres occasion-
nés par l'empire.

CHAPITRE XVIII

La République est-elle possible

La République est-elle possible en France ?

— Oui, avec un peu de bonne volonté. Le plus sûr moyen de ne jamais la rendre viable consiste à la déclarer impossible ; le plus sûr moyen de l'affermir consiste à la croire immortelle.

Pourquoi n'a-t-elle jamais pu prendre racine dans notre pays ?

— Parce qu'elle a toujours pris à sa charge la liquidation de la monarchie, et qu'elle a dû, pour réparer les fautes ou les crimes de celle-ci, traverser des crises dont les ambitieux ont profité pour l'étrangler.

Est-ce là l'unique raison de son peu de durée ?

— La monarchie bâillonne ou déporte ses adversaires, tandis que la République respecte la liberté des siens au point de leur permettre toutes les licences, même celle de la calomnier.

Pourquoi ne traduit-elle pas devant une haute cour de justice les hommes du *deux décembre*?

— Parce qu'elle est généreuse. Les rois proscrivent, elle amnistie.

La monarchie n'aurait-elle pas, sur la République, l'avantage de la stabilité?

— Non, la monarchie, c'est l'anarchie périodique. Pour la rétablir nous aurions à passer par une nouvelle guerre civile compliquée d'une nouvelle invasion; et fut-elle rétablie au prix de ces immenses calamités, elle n'aurait pas même la bonne fortune d'être durable.

Pourquoi la guerre civile?

—Parce que nous avons en France trois parties monarchiques qui s'appellent légitimistes, orléanistes et bonapartistes. Si l'un triomphe, il a pour ennemis acharnés les deux autres, sans compter les républicains qui savent ce que vaut un roi et ce qu'il coûte. Les monarchistes sont les *anarchistes*.

CHAPITRE XIX

Ce qui peut affermir la République

Que devons nous faire pour la conserver ?

— Instruire le peuple et le moraliser ; lui apprendre à connaître ses droits de citoyen, à les défendre au besoin; mais surtout à pratiquer ses devoirs.

Pourquoi la République suppose-t-elle la pratique du devoir ?

— Parce qu'étant le plus large, le plus noble des gouvernements , elle appelle tous les citoyens à prendre part aux affaires publiques, et leur suppose beaucoup de vertu avec beaucoup de bon sens.

Comment se manifeste la vertu civique ?

— Par un respect scrupuleux pour le droit et la loi ; par la générosité qui sacrifie, au besoin, un intérêt particulier à l'intérêt général ; par le courage qui préfère la mort à la servitude.

Comment se manifeste le bon sens civique ?

— Par le vote qui est l'arme légale du citoyen.

Comment doit-on voter ?

— En choisissant, en toute occasion, des républicains honnêtes et virils, quand il s'agit d'élections politiques, et en se méfiant de ceux qui s'intitulent *conservateurs-libéraux*.

Que penser de ceux qui disent : « Voyez votre République ! elle ne sait que nous écraser d'impôts. »

— Ce sont des infâmes qui abusent de l'ignorance du peuple pour le tromper. Ils savent bien que si la République multiplie les impôts, c'est toujours pour payer les pots cassés par la monarchie. Le premier devoir de l'électeur consiste à les mépriser.

CHAPITRE XX

Les points noirs

Que pensez-vous de l'avenir ?

— J'espère, mais j'ai peur, car je vois des points noirs à l'horizon.

Quels sont ces points noirs ?

— D'abord le *socialisme international* qui sape, dans les âmes, la grande idée de la *Patrie*, et favorise toutes les réactions en effarouchant tous les intérêts.

Qu'est-ce que le *socialisme international* ?

— C'est la moitié de l'humanité civilisée qui, n'espérant rien du ciel, veut se ruer sur l'autre moitié, pour jouir, par la spoliation, de tous les biens de la terre.

Faut-il le combattre ?

— A outrance comme on combat un monstre quand on a peur d'en être dévoré.

Quel est l'autre point noir ?

— La France fait rire ses ennemis, parce

www.ingramcontent.com/pod-product-compliance
Lightning Source LLC
LaVergne TN
LVHW020450090426
835511LV00039BA/1699